L'ACQUIESCEMENT

DU MÊME AUTEUR

Chez le même éditeur
FEMMES D'HIER ET D'AUJOURD'HUI.
COURTS MÉTRAGES.
SPECTATEURS.
L'ANGOISSE ET LES ÉCRIVAINS.
DE L'ENNUI.

Aux Editions Universitaires
PAUL VALÉRY.
ANNA DE NOAILLES.
LÉON-PAUL FARGUE.
EN LISANT LES CAHIERS DE PAUL VALÉRY, 3 vol.

Chez Gallimard
VUS D'UN AUTRE MONDE.
PLURALITÉ DE L'ÊTRE.
CHOIX DE POÈMES.

Chez d'autres éditeurs
LA FEMME ET SES DROITS (Flammarion).
LES MORALISTES DE L'INTELLIGENCE (Hermann
    et Cⁱᵉ).
UNE POÉSIE (Ed. Odilis).
LA VIE COMMODE AUX PEUPLES (Ed. du Sagit-
    taire).
MENTON (Hachette).
IMAGES DE PAUL VALÉRY (Ed. Fx Le Roux).
LA NATURE ET L'ESPRIT (Plon).

EDMÉE DE LA ROCHEFOUCAULD

L'ACQUIESCEMENT

BERNARD GRASSET
PARIS

Par quel miracle l'homme consent-il
à faire tout ce qu'il fait sur cette terre ?

CHATEAUBRIAND.

AVANT-PROPOS

On se donne et on donne aux autres des raisons pour consentir à l'inévitable mort. Il en est de toutes sortes. Jadis, les hommes acceptaient les infirmités et la mort avec le sentiment que celles-ci étaient un châtiment ou une épreuve. On souffrait pour apaiser les dieux, pour le salut d'un autre être : l'innocent condamné au dernier supplice l'endurait en implorant le ciel pour ses bourreaux. La mort héroïque n'est pas exclue des temps modernes. L'homme s'expose dans la guerre pour défendre son pays, sauver sa liberté et va jusqu'au sacrifice volontaire. Les *kamikazes* japonais porteurs de bombes, se jetant sur le pont des bateaux ennemis, en sont l'exemple extrême.

Même si l'acte final ne semble pas payant, il faut se résoudre à mourir. Excepté les minéraux, tout, sur cette terre, se détruit et meurt. A son heure.

L'idée de la mort étant obligatoirement acceptée, souvent avec l'espoir d'une seconde existence mystérieuse, reste un problème — moins évoqué, mais peut-être complémentaire — celui de l'acceptation de la vie : acquiescer à ce qui arrive à chacun (souffrances, tourment, joie, ennui), mais pour commencer s'accepter soi-même, son physique, sa situation sociale, son destin propre conditionné par ses dons, son tempérament et quelquefois orienté par le hasard.

Certains — peu nombreux — ont proclamé leur révolte ou confié leur lassitude. Albert Camus s'élève contre *l'absurde* de la vie, Paul Valéry fait dire à son Faust : « *J'ai trop vécu.* »

Pourtant la vie est extraordinaire. A ce que nous voyons, à ce que nous sentons, à ce qui nous étonne, nous meurtrit et parfois nous trouble, ne devons-nous pas apporter une adhésion profonde ?

E.L.R.

LA FÊTE SAUVAGE

Dans les images prises au centre de l'Afrique, on voit les animaux s'entre-dévorer. Une espèce en attaque une autre. Plusieurs espèces s'attaquent à une même espèce. Horrible spectacle que celui de ces fauves agressifs dépeçant et mangeant leur proie. Cette loi terrible de la nature, il faut l'accepter. Comme on aime se reporter cependant à la description idyllique du monde des bêtes aux premiers jours de la Création, faite par le poète de *la Légende des siècles.*

Peut-être ce qu'il y a de plus pénible pour l'homme sur la Terre c'est de ne pas comprendre le monde et ses lois d'autodévoration, la disparition affreuse des êtres.

Admettre toutes les catastrophes : éruptions volcaniques, séismes, tempêtes, avalanches. Ne pas s'insurger contre les terrifiantes actions de la nature. Rester un spectateur.

Accepter l'existence des affreux reptiles, de leurs innombrables espèces qui ont précédé l'avènement de la nôtre et dont, assurent les savants zoologistes, celle-ci descend.

C'est au cerveau (contenant hélas ! encore un peu de reptilien) que nous devons la prodigieuse réussite humaine, tout au moins notre meilleure acclimatation sur terre. Nous acceptons ce qui a été inventé avant nous, sans presque en prendre conscience, sans savoir toujours gré à nos prédécesseurs de tant d'avantages qu'ils ont, par coups de génie, apportés à notre condition.

Des étonnantes découvertes ou inventions des hommes, depuis l'art de conserver le feu jusqu'à la construction des satellites et fusées lancées dans le cosmos, chacune mérite d'être citée, ayant modifié, amélioré, transformé ou bouleversé leur manière de penser et de vivre.

Mais, que savons-nous de tout cela en naissant ?

NAÎTRE

Quand nous entrons — involontairement — en ce monde, il nous faut aussitôt accepter de respirer, puis de boire, de manger, de digérer. On sait les difficultés qu'oppose souvent le nouveau-né à l'absorption de la nourriture.

De même, chacun de nous a dû apprendre à garder un objet dans la main, la tendance étant de jeter tout ce que nous saisissons dans notre premier âge. Marcher sur ses deux pieds est aussi une nécessité qu'on impose au jeune enfant qui préfère courir à quatre pattes. Pourtant le voilà debout qui titube et s'avance vers son éducateur.

Plus tard, ayant consenti à recevoir des

indications pour écrire, pour lire, l'ordre d'apprendre l'Histoire, etc., nous devons découvrir en quel siècle, en quel décor nous allons vivre, que dis-je, nous vivons déjà. Il semble parfois qu'une erreur — de qui ? — nous a obligés d'apparaître en 19.., à l'époque où tel artiste, tel écrivain étaient sacrés maîtres, alors que notre goût n'est pas le moderne. « J'aurais voulu vivre au XVIII° siècle ou au temps des Grecs » sont des phrases qu'on entend.

Dès l'instant que l'on naît, on accepte donc la vie en aspirant, en expirant de l'air, et le fait même d'exister est un tacite acquiescement qui dure jusqu'à la fin de nos jours.

Toute l'enfance n'est qu'une longue résignation coupée de contestations épisodiques. L'enfant prend de fastidieuses leçons, absorbe des aliments non choisis par lui, admet mal les promenades rarement distrayantes, discute l'horaire du coucher, l'obscurité nocturne.

Il faut se résoudre à être un enfant pour un temps interminable, puis un adolescent toujours impatient de vivre, soumis à de multiples inquiétudes, enfin un homme aux facultés plus ou moins adaptées à son ambition et posséder alors ce visage qui attend les rides.

Notre existence sera parsemée de moments d'angoisse, de périodes de désespoir, de détresse. Et pourtant, il nous faut accepter la suite des années jusqu'au dernier jour sans lendemain. Ce nous semble un *devoir*.

On ne peut donner son acquiescement à toute chose :

« La première attitude d'un chrétien c'est de voir dans le monde, dans les autres, dans notre temps, ce à quoi il faut dire oui. »

Cardinal Jean Daniélou.

Cet acquiescement mitigé peut se transformer en refus, voire en dégoût. Relisez la première oraison funèbre de Bossuet : « L'Eglise ordonne que ses ministres fassent contempler à leurs auditeurs la commune condition de tous les mortels afin que la pensée de la *mort* leur donne un saint dégoût de la vie présente et que la vanité humaine rougisse en regardant le terme fatal que la *Providence divine* a donné à ses espérances trompeuses. »

De grandes âmes s'inspirèrent de l'admirable orateur pour mépriser la vie, fuir la gloire et l'amour. Tel fut le cas de Mlle de La Vallière.

L'acceptation de la vie va chez certains jusqu'à un amour frénétique, un attachement passionné « aux choses de la vie ». On appelait au Moyen Age cet amour (des femmes, enfants, objets) « *avaritia* ».

L'existence semble à certains difficile à endurer. Elle leur apparaît pénible, triste :

« *Les vies qui ont précédé la nôtre ont été faites de déceptions, d'amertume. Comment apprendre à s'accepter, à accepter la vie ?* »

Jean de Pange,
Journal (t. IV, 27 juillet 1937).

En contraste, d'autres trouvent la vie trop courte :

« *Je suis plein de rancœur à l'idée que je ne vais pas continuer à vivre. Une existence de cent cinquante ans ne me suffirait pas.* »

Francis Bacon (le peintre)
cité par France Huser,
le Nouvel Observateur, 2-8 août 1976.

Y a-t-il une durée moyenne d'existence acceptable par tous ? Voudriez-vous disparaître à quarante-cinq ans, à soixante-dix ? Question évidemment oiseuse. Les Anciens glorifiaient la mort précoce. Les Hébreux penchaient pour les longues vies.

« *Je n'ai pas demandé à naître* » déclarent quelques jeunes révoltés.

Les chrétiens

Les premiers chrétiens savaient qu'ils risquaient de mourir sous la dent des lions. Il n'y a plus de bêtes fauves dans les arènes, les fidèles ont des églises. Enfants, nous nous demandions si nous aurions le courage des martyrs, d'imiter sainte Blandine ou Tarcisius, de renoncer à la vie en des conditions aussi atroces.

Les croisés partaient vers d'effrayantes aventures — certains avec quelques ambitions intéressées — en criant « *Dieu le veult !* »

Songer à toute la lignée chrétienne de l'acquiescement à travers l'histoire, et en marge compter le petit nombre des révoltés : penseurs plus que paysans.

Les négociations entre croyants peuvent être longues. Combien de temps s'est écoulé depuis Martin Luther jusqu'à l'œcuménisme ? Quelque quatre cents ans.

Les chrétiens avaient mis plus de trois cents ans à triompher de l'empire romain appuyé sur les dieux païens.

LE BONHEUR

« *Paovres humains qui bon heur attendez* »
Rabelais, *Gargantua I.*

« Le bonheur, idée neuve en Europe »,
disait Saint-Just qui voulait propager sur la
terre « l'amour des vertus et le bonheur ».

On sait cependant que le célèbre et dernier
ami de Maximilien de Robespierre fut, pendant la Révolution, un membre actif du
comité de salut public et envoya un certain
nombre de ses compatriotes à l'échafaud sur
lequel il périt d'ailleurs lui-même au lendemain du 9-Thermidor. Le philosophe, à ce
moment, évoqua-t-il ses théories ?

En réalité, le bonheur général était une idée assez répandue à la fin du XVIII° siècle (voir *l'Esprit des Lois* de Montesquieu et même les déclarations généreuses de Catherine II de Russie).

Elle apparaît sous une forme quasi constitutionnelle outre-Atlantique.

Il est dit en effet dans la Déclaration américaine que « *l'homme a le droit de vivre tous les jours dont l'a doté le Créateur* ». Si ces jours sont tristes, misérables, il faut bien les vivre tels quels, tels qu'ils s'offrent à nous et s'écoulent lentement, inexorablement ? Non, la misère est exclue : le droit à la vie est accompagné dans ce beau texte du *droit au bonheur*.

Mme du Châtelet

Le bonheur demeure au moins pendant une partie de son existence une recherche pour chacun. *La Quatrième Epître sur le bonheur* de l'écrivain anglais Pope plaisait particulièrement à la savante égérie de l'auteur de Candide : « *Plus je relis cet ouvrage de Pope (Essai sur l'homme)*, dit la marquise du Châtelet, *plus j'en suis contente.* » Santé, paix, aisance, voilà les trois conditions du bonheur pour ce moraliste anglais. Voltaire protesta :

Le triste Anglais n'a pas compté l'amour !
Je le plains ! Il n'est heureux, ni sage.

> *Madame du Châtelet,*
> par René Vaillot.

Mme du Châtelet composa elle-même un *Discours sur le bonheur.*

« *On croit communément, écrit-elle, qu'il est difficile d'être heureux et on n'a que trop de raisons de le croire ; mais il serait plus aisé de le devenir si, chez les hommes, les réflexions sur le plan de la conduite en précédaient les actions. (...) enfin on n'aperçoit bien claire-*

ment les moyens d'être heureux que lorsque
l'âge et les entraves qu'on s'est données y met-
tent des obstacles. »

La suite est d'un exemplaire hédonisme :
« *Il faut commencer par se dire à soi-même*
et se bien convaincre que nous n'avons rien à
faire en ce monde qu'à nous y procurer des
sensations et des sentiments agréables. »
Observons néanmoins dans notre conduite
une certaine prudence : « *Se garder de l'am-*
bition — qui peut comme l'amour procurer
des jouissances, mais c'est elle qui met le plus
notre bonheur dans la dépendance des autres ;
or moins notre bonheur dépend des autres et
plus il nous est aisé d'être heureux. »
Et voici la conclusion de Gabrielle-Emilie
du Châtelet, ardente et consentante : « *Cette*
passion (l'amour) *est peut-être la seule qui*
puisse nous faire désirer de vivre et nous en-
gage à remercier l'auteur de la nature quel
qu'il soit de nous avoir donné l'existence. »

L'amour. Quelle histoire à attendre, à vivre ? Musique, émotion, plaisir, habitude heureuse, défiance, dégoût, regret, mais qui n'en accepte les débuts quasi magiques ?

La nuit, terreur des gens qui souffrent et qui pensent. Propice aux amants.

Illusions

Pour notre bonheur, les illusions ne manquent pas : l'amour évidemment, l'art (qui n'est jamais le même) et la *science* qui étonnamment progresse.

On voit des gens déjà érudits étudier, apprendre, s'instruire, accumuler des connaissances pendant leur vie entière comme si le jugement dernier était une sorte de baccalauréat final.

Autre illusion de bonheur : s'attacher aux objets, à la commode en laque de Chine, aux tapis et tapisseries. Vous demandez qu'on vous donne cette belle lampe persane bleu turquoise pour la garder et la regarder au long des jours...

Les belles carrières

N'oublions pas la vie éclatante offerte aux ambitieux, le plaisir de réussir, de décrocher la timbale, d'être décoré, élu, de devenir président...

Les honneurs sont sources de joie, de satisfaction. On les accepte et on en recherche de nouveaux jusqu'à la certitude d'avoir un régiment à ses obsèques.

Jeunesse

Ah ! l'ivresse de vivre — jeunesse, projets, départ pour le grand air libre. Rire des adolescents, leur ignorance des mauvais jours possibles, leur inconscience devant l'inéluctable destin.

Etre une jeune fille qui se relève les cheveux, une jeune femme qui les laisse flotter sur les épaules.

Joie d'apparaître une autre devant le haut miroir.

Désirer peut-être un visage différent, désirer la beauté pure, une haute taille, un corps de danseuse. Admettre que celle-ci ou celle-là possède ces avantages, mais ne pas s'en attrister (ce qui serait vain).

La joie des lectures pendant les vacances. Un nouveau livre, nouveau plaisir. S'enfoncer dans des pages brûlantes ou simplement curieuses. Découvrir le langage écrit, les sentiments d'inconnus prestigieux, l'envoûtement des poèmes concis et tristement enchanteurs.

Je bois les pensées de cet homme. Elles ne me plaisent pas toutes, mais stimulent en moi une étrange délectation. Ah ! la pensée des autres !

(C'est à dix-neuf ans, dit ce sage conseiller, qu'il faut accepter la vie, ayant compris qu'il n'y avait pas de réponse à tous les problèmes philosophiques.)

Arrière-pensée

Réagir aux ennuis avec la volonté d'être heureux. S'opposer aux événements prétendus inéluctables. Affronter les risques, en triompher. Ne pas consentir d'avance à ce qui abîmera définitivement notre vie.

Jouir de son bonheur sans l'arrière-pensée qu'il est fragile, ne peut durer, qu'un malheur est proche, imminent.

Combien de fois accepte-t-on la joie avec appréhension, dans la crainte de la perdre bientôt ?

LE SACRIFICE

Il faut parfois consentir à un destin cruel, mais peut-être glorieux. Ainsi Horace consent à combattre Curiace, le fiancé de sa sœur Camille :

Contre qui que ce soit que mon pays m'em-
[ploie
J'accepte aveuglément cette gloire avec joie.

Corneille, *Horace II*, 3.

Idée très ancienne des humains d'offrir sur les autels des victimes — jeunes filles ou animaux — et d'espérer que leurs sacrifices seraient agréés par les dieux.

Il reste toujours en nous quelque souvenance de cet étrange marché qui, cependant, peut devenir sublime.

« Le sacrifice fut accepté de Dieu. »
Pascal.

« Tout donner, tout quitter. » Le sacrifice de Mazarin, en somme ? Mais s'il s'exclamait avec amertume en regardant ses collections : *« Et dire qu'il faut quitter tout cela »*, c'est parce qu'il allait mourir.

D'autres abandonnent de leur vivant les choses divertissantes :
« Je vous vois la femme forte toute sacrifiée à vos devoirs. »

Mme de Sévigné à Mme de Grignan,
mai 1690.

Résignation

Il fut un temps où l'on se consolait en répétant que la vie est une vallée de larmes.

Contre cette triste conception Stéphanie de Beauharnais, grande-duchesse de Bade, met en garde la comtesse de Villars, après la perte d'un enfant, et à propos d'un enfant vivant :

« ... pour notre petite Marie, si bonne, si raisonnable, il pourrait être fâcheux de lui faire envisager trop tôt que cette vie a plus de douleurs que de joies. »

Simone Saint-Clair, se sachant condamnée par un mal inexorable, se résigne et décide étant écrivain d'utiliser son atroce expérience dans un dernier beau livre, *Petite Histoire de ma mort.*

L'abandon au destin, à la Puissance supérieure, c'est plus que la résignation, c'est un acte actif, positif, confiant. Ce fut en somme l'attitude des saints et leur acquiescement apparaît le plus complet sans doute.

« Je suis prêt à tout. J'accepte tout. Pourvu que votre volonté se fasse en moi, en toutes vos créatures, je ne désire rien d'autre, mon Dieu. »

Père Charles de Foucauld.

Soumission

L'exemple le plus extraordinaire d'un affreux destin nous est fourni peut-être par Job, personnage véritablement historique. (Deuxième concile œcuménique de Constantinople.) Cet homme riche, puissant, perdit ses biens, ses enfants et tomba dans une extrême misère. Considérant ce qu'il avait perdu, Job dit seulement :

« *Dieu me l'a donné, Dieu me l'a ôté, que le nom du Seigneur soit béni.* »

Cette épreuve prit fin. La Providence lui rendit plus qu'elle ne lui avait enlevé.

L'esprit d'obéissance qui est l'essentiel de toute religion apparaît sous une forme singulière chez Spinoza :

« *La foi*, dit-il, *n'est pas en elle-même productrice de salut, elle l'est seulement en regard de l'obéissance* (à Dieu). »

Pour lui, la *soumission* demeure essentielle. Elle passe avant la foi.

Pratiquer une religion. Accepter les dogmes. Consentir à telle et telle obligation. Se contraindre, au besoin, à *croire*.

Le refus de vivre. S'enfermer dans un couvent. Mais non, c'est vivre encore, sur un autre plan.

Accepter une existence vide, sans événements. Ni joie, ni peine. Est-ce paresse ? lâcheté ? vertu ?

En certaines circonstances, devant certains exemples, quel croyant n'a éprouvé le désir du don total de son être ?

Tout accepter, le corps plié en deux, le visage dans les mains...

« Pour l'amour de Dieu, vous devez subir tout sans peine, c'est-à-dire les travaux et les douleurs, les tentations, les vexations, les anxiétés, les besoins, les infirmités, les injures,

les objections, les reproches, les humiliations, les confusions, les corrections et les mépris. »

De l'Imitation de N.S. Jésus-Christ.

Qui dit mieux ?

Nous acceptons généralement la vie, le ciel bleu, le soleil, le bonheur, sans doute. Mais aussi la souffrance et la tristesse. L'acquiescement devenant même une forme de sérénité.

Il y a une acceptation des maux, spontanée, presque joyeuse. Mais la résignation est souvent amère.

S'accepter coupable, cela est difficilement tolérable et toléré.

Consentir à une mort accidentelle, brutale. L'attendre.

La nature a ses heures de résignation.

Les arbres reçoivent la pluie, le soleil, gémissent à peine dans les vents les plus furieux, portent les insectes parfois dévorants ou les oiseaux qui sautent de branche en branche, font ployer rameaux et feuillages, becquètent les fruits.

Le sort des animaux est peut-être plus enviable car ils ont la possibilité de se dérober au danger. Cependant le terrible appétit des forts guette les faibles, dont le destin est d'être traqués jusqu'à la mort, dépecés vivants. La conscience qu'en ont ces derniers est réelle et la menace qui pèse sur eux crée une crainte presque perpétuelle.

Quant aux bêtes domestiques, leurs maîtres sont généralement bienveillants. Il a fallu cependant fonder une société protectrice pour les animaux.

Souffrir

« *Dieu m'a oublié* », disent parfois des vieillards infirmes allongés depuis des années dans leur étroit lit d'hôpital.

Le malade, à travers les temps, a généralement fait appel au médecin, demandé et pris des médicaments pour atténuer la souffrance du corps, de l'esprit. Aujourd'hui des opérations délicates ont été étudiées et exécutées sur des angoissés afin de supprimer les obsessions intolérables. Le chirurgien plonge dans le cerveau à des endroits déterminés de longues aiguilles et le patient — éveillé pendant tout ce temps — obtient rémission.

On n'accepte guère la douleur parce qu'on n'ignore pas qu'il y a toujours en elle un peu de notre mort.

Il paraît absurde pour un être vivant de ne pas repousser les risques de mort. Cependant le drogué va lâchement vers sa propre destruction, son anéantissement.

Hélas ! « *Le cerveau est une machine qui ne fonctionne pas toujours bien,* me disait cet éminent professeur, *on ne peut que le constater.* » Sommes-nous responsables des pensées désordonnées que nous présente cette machine ?

Le suicide

Certains êtres acculés au désespoir songent à mettre fin à leur propre existence. Le suicide se présente à leur esprit — sans d'ailleurs qu'ils y cèdent. Pourquoi ? Sans doute parce que la mort volontaire est considérée depuis le christianisme comme un crime quasi « sans rémission ». En Angleterre le suicide figurait même au code pénal et je ne sais si le suicidé ayant raté son affaire n'était pas condamné... à mort.

Dans l'antiquité romaine, nous connaissons un certain nombre de cas cités en exemple. Exemple de courage ou de lassitude. Sénèque et Pétrone s'ouvrent les veines, de malheureuses circonstances les y ont conduits. On les a plaints, on les admirait peut-être.

En Allemagne, l'absorption du poison est en usage pour échapper à quelque jugement infamant. Cas de Rommel, de Goering...

En France on compte quinze mille suicides par an.

Des spécialistes se penchent sur ce problème : « *N'est-ce pas le but de la psychia-trie : faire accepter le cycle de la vie et de la mort ? Sans piqûres, si possible.* »

Bruno Frappat,
le Monde, 8-9 février 1976.

La révolte est-elle chez les intellectuels plus rare que l'acquiescement à la vie ? Le nombre de ceux qui ne supportent pas l'existence et y mettent un terme volontaire n'est pas élevé. On évoquera évidemment quelques spectacu-laires suicides d'écrivains : Henri Kleist, Gé-rard de Nerval ou Montherlant.

C'est sans doute parce qu'ils imaginaient soudain une vie effrayante, une vie qui leur paraissait autre chose que leur vie.

Les événements tuent à distance.

On peut mourir de chagrin parce qu'on ne peut supporter un malheur. C'est ainsi que le second Pitt succomba en apprenant la vic-toire de Napoléon à Austerlitz.

Il y a dans la prière — même la plus implorante — une sorte de *commandement* : « Que votre règne arrive... Donnez-nous notre pain... Pardonnez-nous nos fautes... Ne nous induisez pas en tentation. » « Mon Dieu, faites donc ceci, cela pour nous. » Cependant il est dit aussi « *Fiat voluntas tua* ».

On trouve, dans l'acquiescement, de la quiétude, si l'on se réfère à l'étymologie (*acquiescere* : se reposer). La quiétude se définit comme une tranquillité mêlée de douceur. Le langage mystique emploie l'expression *oraison de quiétude*. Combien celle-ci est séduisante, charme l'âme.

Supporter, subir, ce n'est pas encore l'acquiescement. C'en est peut-être le chemin : mais tu subis la prison et la torture, tu ne l'acceptes pas. Tu souffres la maladie, acquiesces-tu à tes maux en y voyant la pénitence, l'expiation ?

La prison — Peut-on demeurer là en état de perpétuelle révolte ou n'y a-t-il point de malheureux qui s'habituent ou se résignent à l'incarcération ?

Des hommes ordinairement privilégiés sortant de prison ont affirmé qu'ils y avaient fait une expérience *intéressante*.

Le détachement des biens de ce monde, l'absence de sentiments, et particulièrement des mauvais, à l'égard d'autrui, donnent liberté de l'esprit et clair visage.

Accepter, acquiescer n'ont pas le même sens. Il y a de la résignation dans l'acceptation et parfois de la réprobation. On accepte une décision de sa famille, on n'y acquiesce pas.

Un conjoint accepte d'être trompé, il n'adhère pas à la trahison de son partenaire.

Même si le chagrin nous accable, reste toujours la beauté de ce monde : la lumière sur les montagnes et la mer, les fleurs éclatantes dans les champs et les jardins, l'azur du ciel.

Ce désir de la vertu, de nous changer. De museler nos appétits, de nous tuer un peu en somme, est-il moral ? Sans doute, c'est même toute la morale.

S'obéir à soi-même quand on s'est commandé d'agir d'une certaine façon, d'être comme ceci, comme cela.

Recevoir des ordres d'autrui. « Oui, monsieur », « Bien, madame ».

Regarder par la fenêtre, c'est déjà sortir au-dehors, s'évader de la chambre où l'on est toujours un peu Pascal.

Cependant Pascal s'élève « contre ceux qui, sur la confiance de la miséricorde de Dieu demeurent dans la nonchalance sans faire de bonnes œuvres » (*Pensées,* 638).

Donc agir, bien agir. A l'époque et pour l'auteur, secourir les pauvres, visiter les malades, exercer une activité charitable.

« En somme, me disait M., la vie passe vite ici-bas. Il suffit de trouver de quoi s'occuper pendant une soixantaine d'années. »

LE CHANGEMENT

On s'enivre actuellement du mot « *changement* » et de ce qu'il pourrait signifier pour
notre société dans une éventualité ou une
autre, car chaque parti prône *son* changement.

Intéressante étude que celle qui nous ferait
découvrir comment notre monde change, qui
est responsable de telle nouveauté, de tel bou-
leversement. Sans doute chaque invention a
son auteur ou ses auteurs, mais il faut qu'un
certain nombre de personnes y donnent leur
acquiescement. Il s'en est toujours trouvé qui
redoutaient des conséquences dont nous sou-
rions ou nous indignons aujourd'hui. Ainsi
quelque important personnage fut fort troublé

à l'époque par l'idée que le chemin de fer permettrait aux « classes inférieures » d'aller et
venir, de voir du pays.

D'aucuns n'acceptent pas l'ère technique,
la croissance industrielle. Tel était le cas du
peintre des choses bleues, Cézanne, d'après
son biographe Emile Bernard : « ... *il* (Cézanne) *commença à me dire ses idées sur le
monde actuel, l'industrie et le reste* : « Ça
va mal, *me murmurait-il avec un œil furieux...*
c'est effrayant la vie... »

> Rainer Maria Rilke,
> *Lettres sur Cézanne*, Corrêa, 1944.

Né à l'époque préhistorique, l'homme devait
accepter l'existence dans les cavernes et au-
dehors affronter les animaux dangereux, fauves et serpents, discerner les végétaux bénéfiques des plantes vénéneuses, mortelles.

Vingt-cinq mille ans nous séparent des grottes aux peintures naïves et remarquables. Le monde, sans cesse, s'est modifié, renouvelé, a changé d'aspect. Aujourd'hui des tours gigantesques ont été bâties, s'élèvent un peu partout dans les villes surpeuplées. Sera-ce suffisant ?

Un écrivain américain, Adrian Barry, imagine déjà l'installation des hommes futurs dans les fragments de Jupiter satellisés autour de la terre.

En classe, nous apprenions à revivre des longues périodes du passé. Avec effroi ou avec émerveillement. C'était acquiescer en quelque sorte à la vie de l'humanité qu'on nous faisait apparaître peu à peu à travers les siècles.

Y a-t-il de *bons* et de *mauvais changements* dans l'irréversible évolution ? C'est au législateur bien inspiré qu'on doit les meilleurs. Peu à peu, les lois adoptées dans les pays civilisés ont émancipé diverses catégories d'êtres, ont garanti les droits de tous à vivre assez commodément.

Néanmoins, en dépit de l'égalité proclamée, d'aucuns songent aujourd'hui à protéger les êtres d'élite nécessaires au progrès de l'humanité. La mystérieuse floraison des grands hommes est à reconnaître, à respecter. Ceux-là se montreront les seuls capables d'accomplir les authentiques bonds en avant qui rompent la banale monotonie de l'existence, permettent l'amélioration de la condition humaine.

Pendant la Révolution, les citoyens sous Danton ou Robespierre vivaient avec le risque constant de l'arrestation, de la prison et de la mort. Leur passivité parfois nous étonne.

Sous Napoléon Ier, c'était la guerre, toujours la guerre qui appelait sans relâche les jeunes gens. Comment s'opposer aux grands hommes ?

Songer à tout ce qu'avait d'exaltant, dans les moments d'enthousiasme, de réussite, la vie d'Alexandre, de Bonaparte — ou celle des artistes incomparables que furent Phidias, Rembrandt, Michel-Ange, Bach ou Wagner. Entendre les Te Deum de victoire, les compliments enthousiastes des amateurs de beauté et surtout imaginer la joie intérieure de ceux qui ont exécuté un chef-d'œuvre, bref de tous ceux qui ont « réussi ». Pour eux, c'était cela la vie. La vie fabuleuse des hommes pleins de dons, d'intelligence, de puissance de travail, marqués par le destin.

Prédestination

« Après tout, c'est moi Bonaparte et je vis la vie de Napoléon Bonaparte — c'est ainsi — qu'y puis-je ? Sinon l'accepter. Renforcer mon personnage. »

D'une manière analogue, Ignace de Loyola et Saint-Just tiennent sans doute le même raisonnement — ou plutôt ce raisonnement se tient dans les profondeurs de leur être. « Je suis Ignace. » « Je suis Saint-Just. » Il faut que j'accomplisse mon destin.

Car il n'y a pas que la vie banale, normale, qu'on tient à vivre, mais telle vie, telle surprenante ou douloureuse existence. Cependant, une force mystérieuse impose à chacun la sienne.

Politique

Que de révoltes, de révolutions — parfois déguisées sous le nom de réformes — ont connues les sociétés anciennes ou modernes. Ainsi se sont manifestés les *refus* à l'état de choses présent allant jusqu'à la guerre appelée civile. La guerre entre peuples, entre nations, atteste aussi l'inacceptation. Les peuples se supportent mal entre eux. Une nation ne veut pas se soumettre à une autre (souvent voisine). Elle la combat par les armes ou attaque son idéologie par des discours indéfiniment répétés. Hélas ! le plus fort triomphe.

Leur pensée traversant les frontières, quelques êtres exceptionnels ont servi et servent encore de *modèle* à des collectivités immenses. Combien d'Asiatiques suivent l'enseignement du Bouddha, combien d'Occidentaux ont vécu et vivent dans la lumière du Christ ? Combien d'hommes la doctrine de Marx a-t-elle troublés et gagnés ? Très peu d'individus pensent en dehors de ces grands courants. En fait, on pourrait compter sur les dix doigts les prophètes ou penseurs qui, sur notre planète, ont orienté des foules innombrables, des peuples entiers, les chaînes des générations successives...

La société

Tous ces événements qui se passent, qui se sont passés pendant notre existence, leur donnez-vous votre acquiescement ? — Bien sûr que non. Difficile notamment d'approuver les agressions guerrières, le commerce des armes et pas davantage la tyrannie, les exécutions sommaires, les tortures, l'emprisonnement politique.

Pendant notre passage sur terre, il nous faut sans cesse lutter contre l'injustice.

Ne pas admettre la vie en société telle qu'elle se présente actuellement ou même sous aucune forme à venir, tel semble le souhait d'une certaine partie de la jeune génération.

Il y a toujours eu, chez certains et sans doute depuis l'origine de l'organisation sociale, le refus des bases de cette organisation ou le désir de la modifier, de l'améliorer au bénéfice des uns ou des autres. Peut-être pour satisfaire son propre tempérament.

Les anarchistes et terroristes ont déjà, à certains moments de l'histoire, joué leur rôle, car leurs idées — de Babeuf à Bakounine — ne sont pas nouvelles. Seule la mise en application diffère, s'amplifie.

Rébellion

On apprend de ses parents à parler une certaine langue, on apprend qu'on appartient à un pays, on apprend qu'un certain régime politique vous gouverne, tout cela il faut l'accepter et on le fait apparemment sans trop de difficultés.

La révolte cependant se produit plus tard quasi totale. On s'insurgera contre sa famille, contre sa condition sociale, contre le gouvernement.

Vous naissez sous la République, vous eussiez préféré une monarchie ; vous êtes homme ou femme, cela ne vous plaît pas tout à fait. Même la belle France est l'objet de critiques. Certains rêvent d'appartenir aux Etats-Unis, super-puissance, ou au contraire évoquent la douceur de vivre en Polynésie. Que de conditions d'existence sommes-nous contraints d'admettre...

A la fin de sa vie, on acquiescera à tout : parents, vie professionnelle, régime.

Si vous ne voulez pas accepter votre pays d'origine, quelle complication de changer de nationalité. Et parfois c'est absolument impossible.

Le parti

Jusqu'où peut aller l'acquiescement à la volonté d'un homme, d'un « supérieur » ? Celui-ci doit s'efforcer de faire comprendre et apprécier ce qu'il commande, ce qu'il demande.

Adhérer à un parti. En suivre aveuglément les directives. Obéir à un chef politique, quel exemple extraordinaire d'acquiescement... Mais il y a derrière bien des craintes : le tribunal qui condamne, l'internement.

Secouer le joug de l'autorité reste chez le citoyen une tentation périodique.

Il faut remarquer que l'on peut adhérer (donc dire oui) à un parti d'opposition. C'est, en somme, approuver ceux qui désapprouvent (l'état de choses).

Naître dans une civilisation chargée de tant de philosophies différentes, de tant de connaissances venues des temps et de l'espace. Avoir comme lord Byron l'esprit plein de « bribes de religions diverses » et ignorer que le monde

va changer et subir un grand vent destructeur
de croyance et d'espérance.

Ce monde qui paraissait clos, préservé s'est
soudain ouvert, fendu, brisé. Nous restons stu-
pides devant les brèches par lesquelles le
malheur s'est brusquement engouffré.

Notre humeur change

Ce qu'il y a de plus extraordinaire en ma-
tière d'acquiescement, c'est qu'il arrive que
nous regrettions la nuit ce que nous avons fait
ou décidé dans la journée. Et qu'il suffit parfois de deux heures pour nous désavouer nous-
même. Il n'est pas exclu d'ailleurs que trois
heures plus tard nous n'acceptions de nouveau
sans regret nos actes ou nos paroles.

Notre vie est ainsi prise dans un cycle où
choses et idées changent puis reviennent à
leur aspect premier, nous entraînant encore

une fois à nous sentir satisfaits de nos décisions.

La nouveauté

Peintre, vous constatez que Rembrandt et Titien vous dépassent. Ne les enviez pas exagérément. Notre époque préfère Duchamp et Dubuffet.

A son arrivée en ce monde, on eût aimé trouver Louis XIV et Bossuet, ou X et Y qui naîtront au XXIe siècle. En ce dernier cas, on aurait des années encore devant soi à vivre, des découvertes insoupçonnées à connaître, des voyages vers les étoiles ?

Accepter la nouveauté, le changement des mœurs, de l'art, de la civilisation. Bref, s'adapter aux temps actuels. Ne pas trop regretter les monuments anciens et leur parfaite ordonnance, la clarté du langage, l'innocence des jeunes filles...

DES AMIS

On rencontre un être qui pense, comme
vous, qui joue comme vous : ce sera, c'est
déjà un ami.

« Le meilleur des amis ? C'est celui qui
nous admire, nous aide dans notre action,
sans chercher à rivaliser avec nous ! — Vous
êtes cynique ! — Je ne crois pas. D'ailleurs
notre rival, notez-le, est souvent un de nos
amis. »

« Vous avez été l'ami d'un grand homme ?
— Il est plus difficile d'en parler qu'on ne le
croit. »

Chaque interlocuteur fait de nous un être adapté à lui — Impossible d'être le même avec tout le monde.

Parfois l'adaptation à autrui va un peu loin, se révèle excessive. On s'adresse à une vieille femme comme si elle était un enfant.

En bref, les amis — et les indifférents aussi — satisfont notre besoin de parler.

A partir de l'âge adulte, les gens que nous fréquentons nous obligent à montrer l'être qu'ils ont l'habitude de voir en notre personne et nous dissimulons celui que nous sommes réellement. Non sans agacement, il faut jouer notre rôle.

Il y a des êtres qui ne s'acceptent que différents des autres et différents de ce qu'ils étaient eux-mêmes la veille. C'est sans doute ce que prêchait André Gide.

Notre conduite peut étonner nos proches habiles à définir notre comportement. Quant à nous, la vie s'écoule souvent et fuit sans que nous ayons vraiment le désir ou le loisir de chercher à savoir qui nous sommes. Cependant A. B. me disait un jour : « Je connais mes limites. » En des circonstances exceptionnelles, il devait montrer que malheureusement il les franchissait...

Politesse

La politesse nous incite à des gestes d'acquiescement : « Voulez-vous du thé ? — Avec plaisir. — Asseyez-vous. » Invités aimablement à dîner, il faut manger ce qu'on nous offre. Conversation obligatoire (sur des sujets qui parfois nous déplaisent), à laquelle nous *devons* prendre part. Après le repas, même cérémonial. Toutefois nous pouvons refuser café et liqueurs. L'heure du départ sera décidée en fonction des convenances.

Il faut admettre ce qui intéresse les autres et ne nous intéresse pas.

Souffrir les lectures imbéciles, supporter d'entendre des propos absurdes.

Les personnages haut placés nous contraignent à un certain langage poli et désuet où nous ne nous retrouvons pas nous-même et qui, cependant, vient spontanément sur nos lèvres.

Il est pénible de ne pas priser la personne à qui l'on s'adresse. C'est une souffrance, une difficulté, une gêne que de parler plus bas qu'on ne pense.

Manière de vivre en usage

C'est ainsi qu'il faut s'amuser : applaudir au théâtre, jouer au tennis. Toutes les distractions et jeux humains : en apprendre les pratiques poliment ou avec conviction.

La compétition

La principale caractéristique de certaines personnes est leur incapacité à convenir de leurs échecs.

La chose n'est pas rare. Et c'est pourquoi l'on célèbre les beaux joueurs qui acceptent d'être battus.

Comme c'est très désagréable de ne pas triompher de son adversaire, les Anglais ont trouvé une épithète remarquable pour consoler le vaincu. Ils louent son esprit « sportif ».

Nous avons tendance à être satisfaits de ce que nous faisons, de ce qui nous arrive.

La vie que mènent les autres ? Parfois elle nous intéresse, nous amuse ou nous paraît affreuse, dure.

Etre seul

Les autres nous empêchent-ils de respirer ? C'est une impression en vérité étrange mais difficile à éliminer. Il faut admettre la présence de ces voisins. Des gens assis sur notre banc, dans le jardin embaumé. Des foules circulant le long des rues, des boulevards de la ville, près ou loin de nous.

Des trois milliards d'êtres qui nous entourent vivant dans les provinces, les pays, sur la terre entière, qui nous encerclent et à la réflexion — invraisemblablement — nous étouffent.

— Eh bien oui, je suis de mauvaise humeur. Ce n'est pas ceci, cela qui me fâche. Rien, aujourd'hui ne me paraît acceptable.

— Et vos amis ?

— Peut-être qu'il y a des moments où la solitude est à la fois insupportable et la seule chose tolérable.

Egoïsme

Loin de la vie intégrale, active, obsédant parfois notre regard, troublant notre esprit, il existe des malchanceux, des malheureux, des déshérités. Il faut s'en soucier. Alors, nous parcourons des salles d'hôpital, nous nous asseyons quelques instants au chevet d'un opéré, sans avoir le temps de trouver des propos apaisants, *d'imaginer* une consolation à des maux parfois effrayants.

Puis l'heure sonne, il faut quitter notre ami hospitalisé, les affreux bâtiments, les couloirs tièdes à l'odeur pénible, retrouver les rues de la ville et le bonheur de respirer au jardin. Car il importe aussi d'accueillir la joie et de consentir à ce qu'il y a d'heureux dans notre destin.

Dialogues

— Et tout ce qui se passe dans le monde ne vous intéresse pas ? Les guerres, la violence, la terreur, la cruauté, la misère ?

— Hélas, je ne m'en désintéresse pas un

seul jour. Comment ignorer tout cela quand demain ce sera peut-être mon sort et... le vôtre.

— Dans l'acquiescement aux choses de la vie, vous négligez de mentionner le métier ou la profession, les soucis que donnent une carrière et les soins d'une famille. A cela pourtant, nul moyen d'échapper.

— Sans doute, et d'ailleurs tout cela compte, mais quantité d'êtres vivent en marge de l'existence commune, un destin mystérieux, secret. Leur intérêt, leur esprit sont ailleurs. Tels par exemple les artistes, les hommes de science, les écrivains, les mystiques.

— Et vous croyez que vous pouvez parler de notre temps sans mentionner le téléphone, la télévision, le microscope électronique, l'ordinateur, le laser, le scaner, les bombes à neutrons, etc. ?

— Tout cela a-t-il changé l'homme ? Nos instincts, nos désirs, nos besoins, nos passions ne sont-ils pas toujours les mêmes depuis l'ori-

gine ? Le vrai problème est celui de l'acceptation du malheur, de la souffrance.

— Ceux-ci sont parfois intolérables.

— C'est pourquoi tant que la douleur physique ou morale accablera les êtres humains,
un moment viendra où, quasi généralement,
ils jetteront un appel vers l'au-delà de ce
monde.

Recours à Zénon

« Quelle est votre attitude devant l'existence, votre morale ?

— Je serais stoïcien si les temps n'étaient
pas si durs... », me répondit le savant ethno-
graphe Francis C.

Qui n'a entendu dire, à propos de tel ou tel
fait regrettable ou même de la mort d'un

homme « Que voulez-vous ? C'est la vie ! »
Avec un ton supérieur.

Une chose naturelle

« Oui, je songe à la mort qu'il faut accepter comme une chose naturelle », déclarait à quatre-vingt-seize ans notre ami, l'éminent savant R. D., qui mourut peu après par accident...

LITTÉRATURE

Un écrivain — parmi d'autres — vous dira :
« Et pourquoi donc croyez-vous que j'écris ?
C'est que je ne puis supporter *ma* vie. »

« *Ne pas être celui que je suis.* »

Joë Bousquet, cité par René Nelli.

Etre un autre. N'être personne.
Deux tentations des individus qui s'estiment
mal faits ; trop ou pas assez sensibles.

En général, nous acceptons d'être nous-
mêmes et d'être différents de nous-mêmes.

Aussitôt noté, écrit, aussitôt oublié. Comment en serait-il autrement s'il faut penser à

noter bientôt quelque chose de tout différent, peut-être de contradictoire ?

« Il me faut résoudre à prendre conscience du fait que je suis quelqu'un qu'on n'aime pas, que l'on ne peut pas aimer. »

José Cabanis, « les Profondes Années »,
Journal 1939-1945.

Fâcheux sentiment si l'on songe que l'on écrit un peu aussi pour être aimé.

Lire, lire. Non, ce n'est pas acceptable. Ces mille phrases qui entrent dans la tête et empêchent nos propres pensées de sortir.

Tous ces livres qu'au long de notre vie nous lisons, nous acceptons ou nous subissons, nous ont transformés successivement, l'un après l'autre, en des centaines d'êtres différents, d'une manière généralement éphémère. Mais il arrive en notre adolescence qu'une lecture nous trouble assez profondément pour orienter ou désorienter notre existence.

Ces faiseurs de romans, de biographies, avaient eux-mêmes, tandis qu'ils écrivaient le temps d'une année ou davantage, accepté ou choisi d'être « autres » qu'ils étaient réellement. Ils vivaient la vie fantastique de leurs héros.

Il est difficile quand on écrit de résister à une sorte de logique des phrases, du style, qui entraîne la plume. Un grand effort est nécessaire à l'écrivain pour maîtriser à chaque instant sa pensée, pour exprimer exactement ce qu'il éprouve, pour écrire ce qui est tout à fait *vrai*.

Ne tentez pas de copier les grands auteurs. Il est plus aisé d'imiter les glorieux écrivains du passé que d'inventer un style inédit, de révéler des préoccupations inconnues. Sachons qu'en littérature, en art, c'est d'être le premier dans un genre nouveau qui compte.

Le métier

Une forme de critique permanente : le commentaire — obligatoire — du journaliste. Tout événement doit être conté, discuté, comparé, voire condamné.

Le grand âge

Consentir à s'endormir soudain après les repas — Se réveiller, il est vrai, dispos et prêt à quelque travail intellectuel.

Tandis qu'il me parle, Paul Valéry cède un instant au sommeil. Je le regarde. Il rouvre les

yeux : « *Le vieux monsieur* », dit-il en sou-
riant. Et il reprend son étonnante dictée.

La gloire

Vouloir bien être oublié. N'avoir plus ni
gloire, ni notoriété — Une nouvelle génération vous ignore... Solitude des écrivains à la
fin de leur vie.

Paul Valéry disait : « *A un certain âge,
l'écrivain ne peut plus croître que dans l'opinion.* » En fait il ne peut plus croître du tout.

L'immortalité par la gloire, une manière de
se survivre. L'auteur de *la Jeune Parque* niait
l'existence actuelle de la « postérité » dans le
monde littéraire. Après sa mort, cependant,
tout le monde parle de lui — on cite sans
cesse ses pensées sur toute sorte de sujets.

Survie littéraire

Quelqu'un disait devant N., écrivain célèbre
qui aimait la gloire : « Après votre mort, que

de livres on écrira sur vous ! — Cela ferait, répondit N., tellement plus de plaisir de notre vivant. »

Le mot de la fin

Constantin Photiades avait rapporté à sa cousine Anna de Noailles que Mme de L. C., au moment de quitter ce monde, ne témoignait pas, au jugement d'une de ses filles, assez d'enthousiasme ou de résignation. Celle-ci lui suggéra de dire au pasteur « J'accepte. » Alors elle répéta trois fois la parole attendue. Mme de Noailles, sur son lit de mourante s'en étant souvenue, fit de même.

Incompris

Combien y a-t-il d'êtres en révolte contre eux-mêmes qui n'acceptent pas certaines de leurs pensées, qui repoussent les pulsions et impulsions, ou plus simplement qui ne s'acceptent pas tels qu'ils sont, mal doués pour « réussir », artistes malhabiles, écrivains manquant d'inspiration ?

Il en existe aussi qui sont résignés à la pire incompréhension chez autrui.

« " *Poète maudit* ", *Baudelaire s'est vu imposer une malédiction que, d'autre part, il a provoquée, subie et acceptée.* »

Claude Pichois,
préface à l'édition de la Pléiade.

Nécessité et tourment d'achever son œuvre pour soi — ou pour le monde ?
« *La mort qui nous guette,* confiait Marcel Proust à Pierre Lafue, *il faut donc la prendre de court si l'on veut accomplir ce que l'on s'est promis de faire. Entre elle et nous c'est une course de vitesse haletante qui s'institue.* »

Où est la vie ?

Accepter la vie ? Certains sans se poser vraiment la question s'en évadent d'une manière constante dans la lecture, devant un spectacle, au long de l'amour. Ils ne *voient* pas la vie, mais qu'est-ce que la vie ? Où est la vie ?

Amiel avait-il perçu le pur fait de vivre ? et senti le temps seulement comme une abstraction ?

« Rien ne semble plus vivre en moi, ni hors de moi. C'est le vide, l'oubli, le néant. J'assiste comme une momie à la marche du temps et la joie se retire de moi comme la lumière des vallées après le soleil couchant.

« Je ne suis rien et j'ai conscience de ce néant. »

Amiel.

Georges Poulet attribue la tristesse d'Amiel à la douleur d'exister.

« *Les saints n'ont pas besoin de paradis. Thérèse d'Avila prétendait qu'elle aurait préféré " suivre le Christ en enfer plutôt que de vivre sans Lui au paradis ".* »

Pierre de Boisdeffre, 1977,
*La Foi des anciens jours
et celle des temps nouveaux.*

Révolte

La Peste : On ne peut pas être heureux sans faire du mal aux autres ? C'est la justice de cette terre.

Diego : Je ne suis pas ici pour consentir à cette justice-là.

La Peste : Qui te demande de consentir ? L'ordre du monde ne changera pas au gré de tes désirs.

Albert Camus.

Camus, type de l'homme révolté. Contre quoi ? Contre l'absurde de la vie, du monde, des rapports de l'homme avec l'univers.

« *Sans doute peut-on penser que l'esprit de révolte est nécessaire au progrès.* »

Alain Decaux,
Blanqui l'insurgé.

DERNIÈRES ANNÉES

Rien n'est plus déprimant que de constater que la vie est finie quand elle n'est pas finie.

Supporter que les uns vous disent : « Vous avez l'air bien plus jeune que votre âge » et que les autres vous regardent, attendant pour toutes sortes de raisons différentes l'heure à laquelle vous quitterez ce monde.

« Que de postes, de présidences, ma mort laissera vacants », me disait un jour Henri M. qui, comblé d'honneurs, a disparu maintenant et dont certains ont pris les places en attendant qu'après eux d'autres leur succèdent.

« *Vieillissement : il faut du temps pour l'accepter, mais on ne peut le faire que lorsqu'on a vu que c'est une nouvelle et combien merveilleuse étape de la vie avec Dieu.* »

Père Jean de Menasce.

Opinion d'un dominicain — mais qu'y a-t-il de nouveau ici ? Est-ce que les croyants ne doivent pas se voir chaque jour rapprochés de leur fin, c'est-à-dire de Dieu et s'en réjouir ?

Il faut bien, plus ou moins inconsciemment, admettre la vie physique telle qu'elle est : manger, dormir, grandir, vieillir, et puis mourir.

Tout au long de l'existence, l'esprit tolère le corps.

Nous acceptons le temps, la suite des années, des jours, des heures... bien que nous nous sentions faits pour une immobilité étrange, prodigieuse.

En fait, peu de choses changent en nous. Si nous avons diverses tendances, ce sont les mêmes qui reviennent, se manifestent à tour de rôle sans guère être modifiées. Ne sommes-nous pas monolithiques, déjà immobiles en quelque sorte ? (C'est ainsi que les autres nous voient généralement.)

Passent les années, on s'aperçoit que sa mémoire est en défaut. Se dire : tant pis, je me servirai d'un agenda, d'un carnet, j'écrirai le journal de mes activités, de mes lectures. Je garderai ainsi présents ma vie, mon esprit.

Voir s'écouler les jours, n'ayant plus pour occupation que d'être à l'affût d'un fait qui pourrait être noté sur son journal intime.

Que perdre encore ? L'audition, la vue, le mouvement, le don d'observer ?

Composer des poèmes, peut-être. Pour que les heures paraissent encore employées, remplies, vivantes.

Attendre que les yeux ne voient plus, que les oreilles n'entendent plus, que les bras ne puissent plus étreindre, la main écrire, la bouche parler, que toute cette merveille qu'est l'homme ne soit plus que chair inerte et glacée.

Accepter d'avoir un pied, un bras en moins, d'avoir perdu la vue et tenir quand même à la vie ?

Mais peut-on accepter la folie ? Fut-ce le cas de Guy de Maupassant ?

« Au visiteur, l'auteur de le Horla *dit : " Va-t'en vite, dans quelques instants je ne serai plus moi. " Aussitôt Cahen sorti, Maupassant, comme quelqu'un qui dirait : " Garçon, une bière ! ", Maupassant, donc, sonne pour qu'on lui apporte la camisole de force. »*

« Le 18 février, Maupassant annonce solennellement : " Maupassant est mort. " Il meurt le 24 février 1899. »

Alberto Savinio,
Maupassant et l'autre, N.R.F.

Admettre d'être mis à l'écart par son âge, sans sentir spécialement le poids des ans.

Le vieillard en notre époque cruelle doit accepter la solitude, l'abandon des siens, de ses amis plus jeunes.

La privation de son activité par le manque de mémoire, de lucidité, *d'intérêt aux choses*. Cet homme remarquable à la pensée féconde, atteignant quatre-vingt-dix ou quatre-vingt-onze ans, me dit : « Je ne m'intéresse plus tellement à ce qui arrive, je n'essaie plus de suivre la politique. »

Il est tragique de constater que la vie, au cours du temps, gâche les beaux souvenirs. Rencontrer un être soudain vieilli, lorsqu'on l'a connu beau et intelligent, original, charmant. *Revoir* un passé plein d'heures éclatantes et *voir* en réalité tout ce bonheur abîmé, détruit, anéanti par le temps qui a marché inexorablement.

On gronde les vieillards, comme on gronde les enfants « Tu ne manges pas proprement. Mouche-toi... »

As-tu vu passer ces vieilles vêtues de noir comme si, déjà mortes à la vie, elles portaient leur propre deuil ?

« Accepter », cela veut dire « admettre avec plaisir ce qui nous arrive ». L'abandon, la ruine, la maladie incurable, la mort des êtres chers et la sienne pour *finir* (c'est le mot approprié).

Les derniers mots prononcés par les mourants célèbres ? On en a fait un recueil — amusant (?).

A la fin de l'existence faut-il s'étonner que l'esprit détaché des choses de ce monde voie ou désire un univers différent ?

Continuer à vivre

Certains acceptent cette vie mais point une autre vie qui pourrait succéder à celle-ci. Refus, donc désir du néant ? Sentiment ou conviction qu'il n'y a pas d'autre existence que celle que nous connaissons ? Mais n'est-ce alors, dans une certaine mesure, écarter a priori toutes possibilités de *continuer à vivre* ?

Accepte tout : d'être sourd, aveugle, paralysé. Retranché du monde. Acquiesce à la sclérose du cerveau : plus de mémoire. Difficulté à t'exprimer. Pas de remède ici comme

il en existe à l'insomnie ou à certaines souffrances physiques.

Accepte les jours mornes, ces longues
heures vides de tout intérêt, comblées peut-
être par des lectures intéressantes, mais fati-
gantes pour les yeux et dures pour l'esprit.

La vue baisse — moins de lectures.

Chaque jour de la vie, nous avons répété
à peu près les mêmes gestes. Approchant
du terme nous sommes peut-être las de la
comédie humaine et de la tragédie — qu'ai-
ment les hommes. Leur intelligence cependant
nous a semblé parfois surprenante.

Nous traversons rapidement ce monde et
le mystère est autour de nous. Une sorte
de soumission étrange, d'obéissance profonde, nous préserve de l'inquiétude, de l'angoisse.

Rêves

En marge de la vie réelle, des faits mystérieux présentés par nos rêves nous sont imposés et nous subissons leur extravagance, leur étrange folie, leur cruauté sans pouvoir y échapper.

Nos songes nocturnes nous proposent toutes sortes de transformations ; il arrive qu'on se voie en rêve animal ou objet. Nos actes tiennent de l'insolite. Parfois de lointains souvenirs se mêlent dans la confusion à quelque événement récent. Cependant, nous cherchons, au réveil, à prolonger pendant quelques instants le charme et la bizarrerie de nos songes.

Rester à la maison pour travailler et n'être capable de rien penser.

Regarder par la vitre les feuillages que fait bouger le vent, les nuages gris ourlés de blanc lumineux, les trous d'azur.

La vie c'est ce long jour morose et solitaire dans la chambre connue, aimée et détestée ? Pas nécessairement.

La vie, c'est aussi le bruit des compagnies joyeuses, le rire des jeunes voyageurs, qui vous entraînent vers vous ne savez quoi.

Le voyage

Aimer les pays étrangers. Désirer voir le Japon et ses mousmés, Venise et ses palais se reflétant dans le Grand Canal, et la verte

Irlande plantée de croix celtiques, et l'Espagne rude et belle, les maquis odorants de la Corse, et la Perse des mosquées bleues et Sainte-Sophie d'Istanbul aux mosaïques byzantines, la Norvège et ses lacs glacés où galopent des chevaux, des cavaliers de rêve, Angkor, Versailles de la mort, aimer la diversité des peuples de la terre jusqu'aux petites maisons blanches de l'Afrique, aimer les longs voyages sous la Croix du Sud...

Avoir voulu voir tout cela, dire un jour : « Je suis à Tokyo » ou « Je suis à Rome ».

Pour éprouver encore le goût de la vie acquiescer au départ vers quelque terre extrême.

Accepter ce dépaysement, cet arrachement.

TABLE DES MATIÈRES